Tun!

MIEKE MOSMULLER

TUN!

OCCIDENT VERLAG

Band MM 62

Occident Verlag
Geerstraat 1
5110 PS Baarle-Nassau
Niederlande

Telefon: +31 (0)13 - 507 99 48
E-mail: info@occident-verlag.de
Internet: www.occident-verlag.de

Umschlaggestaltung: Occident
Umschlagabbildung: Architectus Mundi aus dem Wiener 'Bible Moralisée' 1220-1230, Österreichische Nationalbibliothek

Grafische Gestaltung: Carina van den Bergh

ISBN/EAN: 978-39-46699-22-4

INHOUD

TUN!

Nachdem ich versucht habe, mit Hilfe der Übungen in dem Buch „Lerne Denken!“ den Zugang zum wahrhaftigen Denken zu finden und in dem Buch „Lerne Fühlen!“ auch mit Hilfe von Übungen versucht habe, zu einem reinen objektiven Fühlen zu gelangen, möchte ich jetzt zu der ganz anderen Welt der Tat übergehen.

Wir sprechen von Denken, Fühlen und Wollen, man könnte also sagen: „Lerne Wollen!“, aber wenn wir das sagen, meinen wir damit normalerweise, dass man einen Impuls zu einer Handlung hat oder dass man einen Wunsch oder ein Verlangen oder etwas Ähnliches hat, aber wir meinen nicht die Handlung selbst. Doch genau das ist gemeint, wenn man in dieser Dreigliederung von Denken, Fühlen und Wollen spricht.

Dann ist das Wollen die Tätigkeit und damit die Handlung an sich. Deshalb kann man sagen, das Denken findet hauptsächlich im Bereich des Kopfes statt, das Fühlen im Bereich des Herzens, aber das Wollen muss in den Gliedmaßen gesucht werden. Wir können auch sagen, in unserem Bauch, aber dort geht die Aktivität von selbst weiter, jenseits unseres bewussten Willens, und natürlich möchte ich über die bewusste Aktivität, das bewusste Handeln sprechen.

Beim Denken haben wir nun einen Bereich, in dem wir, gerade weil es im Kopfbereich stattfindet, ein klares Bewusstsein haben, und wenn wir wirklich denken, haben wir dort ein klares Bewusstsein von dem, was wir dort gerade tun. Es ist der Bereich des Wissens, und als Denker, wenn ich etwas mit vollem Bewusstsein denke, weiß ich auch genau, was ich tue. Das gilt nicht für das Gedankenleben, wohl aber für das echte Denken. Im Bereich des Fühlens, das wir in dem Buch *„Lerne Fühlen!"* selbst erfahren haben - für diejenigen, die mit diesem Buch ins Tun kamen – ist bekannt, dass man dort schon viel weniger ein klares bewusstes Wissen darüber hat, was man tut. Dort ist es sogar so, dass Gefühle ohne unseren Willen in uns aufkommen, und wir oft das Gefühl haben, ihnen ausgeliefert zu sein. Im Bereich des Willens, der Aktivität, ist dies noch mehr der Fall. Wenn ich einen Handlungsimpuls voll bewusst ergreife und diese Handlung ausführe, ist das Motiv für die Handlung natürlich mein gedanklicher Impuls, der zum Denken gehört, und in diesem Bereich habe ich ein selbstbewusstes Wissen. Aber wie genau dieses selbstbewusste Wissen des Motivs so in meine Glieder kommt, dass ich anfangen kann, dies zu tun, das ist etwas ganz anderes. Nun kann man sagen, dass die Wissenschaft uns das sagen kann, aber abgesehen davon, dass man sich fragen muss, ob das, was die Wissenschaft „weiß", immer hundertprozentig wahr ist, ist es auch wahr, dass man, bloß weil man so etwas weiß, noch nicht in dem Prozess anwesend ist. Man kann sich sagen, dass bestimmte Ströme vom Gehirn über die Nervenbahnen, die zu den Muskeln führen, fließen und dazu führen, dass man genau das tut, was man zu tun mit seinen Gliedmaßen vorhat. Aber wenn man sich noch ein bisschen mehr damit beschäftigt, weiß man, dass man immer noch nichts über den Mechanismus der Tätigkeit weiß. Das Wissen bleibt im Bereich des Denkens, es dringt allenfalls ein wenig in das Erleben ein, aber wie aus einem gedanklichen Impuls eine konkret ausgeführte Handlung wird, das können wir in uns selbst nicht wirklich nachvollziehen. Und das macht den Akt zu etwas Magischem.

In Wirklichkeit ist man in seinen Gliedern gar nicht wach, sondern dort in einen tiefen, traumlosen Schlaf gehüllt, und alles, was dort geschieht, entzieht sich der Kenntnis des Menschen. Alles, was man im Bewusstsein hat, ist das Ziel, der Handlung und der Körper hat die Weisheit, dieses Ziel mit Handlungen zu verwirklichen. Es liegt an einem selbst, zu wissen, was zu tun ist, aber der Körper tut es ohne unser Wissen. Es wäre sicher gut, wenn die Menschen das manchmal wirklich ganz bewusst erleben würden. Das würde eine gewisse Demut mit sich bringen. Im Intellekt ist der Hochmut zu Hause, und es besteht auch noch ein gewisser Anspruch darauf, denn es ist schon außergewöhnlich, dass man als Mensch eine so komplizierte Sache wie das Begreifen noch in einem hohen Maße durchschauen kann. Aber in den Gliedmaßen ist man völlig unbewusst. Doch wenn man gesund ist, funktioniert es perfekt. Vollkommener, als man jemals Vollkommenheit in Gedanken erreichen kann.

Ein zweiter großer Unterschied zwischen Handeln und Denken besteht darin, dass man beim Denken den vollendeten Tatsachen folgt und versucht, sie zu verstehen, während man für das Handeln eine ganz andere Art von Denken entwickeln muss, nämlich ein Denken, das den Tatsachen vorausgeht. Es wäre gut, länger darüber nachzudenken. Wenn man sagt: „Ich werde jetzt abwaschen", wie auch immer man das macht, weiß man, welche Handlungen dafür notwendig sind. Man muss sie nicht erst ausführen und dann ablesen, was gebraucht wird, sondern man kann vorhersagen: „Ich werde abwaschen", und dann weiß man, dass man z. B. nur noch die Spülmaschine einschalten muss. Oder, wenn man keine hat, muss man Wasser und Spülmittel in eine Spülschüssel geben und das Geschirr darin mit einer Bürste oder einem Schwamm oder was auch immer waschen. Das weiß man schon vorher, das muss man nicht aus den Fakten herauslesen. Das Wissen geht also dem Handeln voraus, und dessen ist man sich auch klar bewusst. Dann führt man die Handlung aus, und da versinkt das Wissen im unbewussten scheinbaren Nichts. Die Handlung wird ausgeführt, man wird sich auch bewusst, dass sie geschieht, man weiß auch, wie man sie ausführt, aber was genau in den Tiefen des Körpers ausgeführt wird, bleibt unbekannt. Und das kann man auch nicht in das Bekannte hineinbringen. Es ist nicht möglich, wie bei der Sinneswahrnehmung, dass, wenn man gut beobachtet, man schon viel von dem weiß, was man wissen will. Man kann wissen wollen, wie diese voll bewusste Absicht in der Tiefe genau von den Gliedmaßen ausgeführt wird, und man kann versuchen, genau darauf zu achten, wie es geschieht, aber man kommt nicht ans Ziel.

Vielleicht ist es möglich, sein Wissen so zu entwickeln, dass man es irgendwann einmal erreichen kann, aber von seiner natürlichen Veranlagung her kann man es nicht. Man muss sich also diesen großen Unterschied zwischen Denken und Wollen vor Augen halten. Das Denken ist voll bewusst und folgt den Sinneseindrücken, um zur Wahrheit zu gelangen, läuft aber hinterher, das Handeln braucht einen Motivgedanken im Voraus, aber die Handlung selbst findet im Bereich des Unbewussten statt. Es wird zwar ein Bewusstsein geben, aber man wird es nicht mit seinem Tagesbewusstsein erreichen.

Dies sei die erste Übung, bei der wir über den Unterschied zwischen dem Denken in der Wahrheit und dem konkreten Handeln als Reaktion auf ein in den Gedanken festgehaltenes Motiv nachdenken.

EPIMETHEUS UND PROMETHEUS

Um zu verdeutlichen, was eigentlich der Unterschied zwischen Denken und Wollen ist, können wir zur griechischen Mythologie zurückgehen. Die Griechen wussten sehr genau, wie die menschliche Seele beschaffen ist. Und sie kannten zwei Formen, zwei Göttergestalten, zwei Göttersöhne, von denen der eine, sagen wir mal, die Manifestation des Nachdenkens war und der andere sozusagen eine Erscheinung des Vordenkens.

Nun ist das Nachdenken natürlich das Denken, das sich entfaltet, wenn man mit den Sinnen wahrgenommen hat, oder wenn man bestimmte Gefühle gehabt hat oder wenn man Handlungen ins Auge fasst und dann darüber nachdenkt. Es muss etwas da sein, bevor man darüber nachdenken kann.

Das Vor-Denken hingegen ist ein Denken, das sich entfaltet, wenn noch nichts da ist. Und man kann sich vorstellen, dass das die Eigenschaft eines Motivs ist, es kann ein schlechtes Motiv sein, es kann auch ein edles Motiv sein, aber es sind Gedanken, die sich über etwas bilden, das noch nicht da ist. Es ist ein Denken, das den Tatsachen vorausgeht, und es steht in direktem Zusammenhang mit der Ausführung bestimmter Handlungen, die notwendig sind, um diese Vorgedanken wahr werden zu lassen.

Die Griechen hatten also Bilder für diese Seelenqualitäten des Menschen, und sie kannten dieses Nachdenken in Form von Epimetheus und das Vordenken in Form von Prometheus. Man kann sich vorstellen, dass sich die Wissenschaft mehr in dem Bereich des Epimetheus bewegt, während die Kunst vor allem ein Bereich des menschlichen Schaffens ist, in dem die Idee dem Erscheinen der Idee vorausgeht. Der Künstler hat eine Vorstellung von dem, was er erschaffen will, und macht sich mit dieser Idee an die Arbeit, um diese Schöpfung zur Erscheinung zu bringen. Dies ist vor allem die Figur des Prometheus in uns.

Goethe hat ein unvollendetes Stück mit dem Titel Pandora geschrieben, das zu Beginn poetisch den Unterschied zwischen Epimetheus und Prometheus darstellt. Wir sehen Epimetheus in einer Haltung fast völliger Passivität, die sich der Schönheit der Natur und des Besitzes hingibt. Er mag den Tag nicht, weil er dann aus seiner Faulheit aufstehen muss, und zieht es vor, passiv in einer Hängematte zu liegen, sich umzusehen und alles zu genießen. Im Gegensatz dazu sehen wir seinen Bruder Prometheus, der gleich bei der ersten Morgendämmerung, oder besser noch früher, aufsteht und sich an die Arbeit macht. Und wenn er seine Umgebung wahrnimmt, ist sie völlig unfertig. Als Umwelt hat er eigentlich gar nichts, alles, was dort hingehört, muss er selbst schaffen. Er ist der Bruder der Tätigkeit, der Tat. Er ist immer aktiv, nicht faul, nicht den Tatsachen ausgeliefert, sondern er schafft die Tatsachen selbst. Und wir können diese Unterscheidung, diese lebensgroße Unterscheidung, auf eine Lebens*einstellung* ausdehnen. Prometheus ist auf alles vorbereitet, weil er wach ist und die Dinge durchdenkt, bevor sie da sind. Epimetheus hingegen ist durch seine Faulheit und seine Hingabe an den Luxus ständig hinter den Dingen her und lässt sich deshalb leicht überraschen, verführen, täuschen. In Goethes Stück geschieht dies auch, weil Epimetheus der Liebe begegnet, auf die er nicht vorbereitet ist. Sein Bruder, der vorbereitet ist, warnt ihn, dass ihm das passieren wird, aber er ignoriert diesen Rat, gibt dem Lauf der Dinge nach und bringt damit Unheil über sich.

Denn die Götter sind um Prometheus‘ Qualität – das Vordenken – besorgt und erschaffen eine schöne Frauengestalt, die in ihrer äußeren Erscheinung alles hat, was ein Mann sich wünschen kann, und sie bereichern sie mit einer Kiste voller Geschenke, die sie Epimetheus anbieten wird. Ihr Name ist Pandora, was so viel bedeutet wie die Allbeschenkte. Die göttliche Gabe von allem. Und als sie sich Epimetheus nähert, ist er sofort von ihrer Liebesausstrahlung, ihrer Schönheit und ihrer Lebendigkeit verführt, und es dauert nicht lange, bis er die Büchse der Pandora öffnet. Und aus dieser Büchse kommt all das Elend, das wir als Menschheit kennen. Durch das, was aus der Büchse der Pandora kommt, werden unsere Gedanken so flüchtig und unkontrollierbar und sind wir so voller Angst vor der Zukunft, dass uns nur *ein* großer Trost bleibt. Ich zitiere aus Goethes Charakterisierung von Epimetheus, Prometheus und den Gaben der Pandora.

Wir können die Betrachtung, die wir in der ersten Übung gemacht haben, mit diesen Bildern erweitern, die uns den Unterschied zwischen Denken und Handeln viel besser begreifen lassen.

J.W. von Goethe, Dekor für das Stück „Pandora“.

„Seite des Prometheus

Zu der Linken des Zuschauers Fels und Gebirg, aus dessen mächtigen Bänken und Massen natürliche und künstliche Höhlen neben- und übereinander gebildet sind, mit mannigfaltigen Pfaden und Steigen, welche sie verbinden. Einige dieser Höhlen sind wieder mit Felsstücken zugesetzt, andre mit Toren und Gattern verschlossen, alles roh und derb. Hier und da sieht man etwas regelmäßig Gemauertes, vorzüglich Unterstützung und künstliche Verbindung der Massen bezweckend, auch schon bequemere Wohnungen andeutend, doch ohne alle Symmetrie. Rankengewächse hängen herab; einzelne Büsche zeigen sich auf den Absätzen; höher hinauf verdichtet sich das Gesträuch, bis sich das Ganze in einen waldigen Gipfel endigt.

Seite des Epimetheus

Gegenüber zur Rechten ein ernstes Holzgebäude nach ältester Art und Konstruktion, mit Säulen von Baumstämmen und kaum gekanteten Gebälken und Gesimsen. In der Vorhalle sieht man eine Ruhestätte mit Fellen und Teppichen. Neben dem Hauptgebäude, gegen den Hintergrund, kleinere ähnliche Wohnungen mit vielfachen Anstalten von trockenen Mauern, Planken und Hecken, welche auf Befriedigung verschiedener Besitztümer deuten; dahinter die Gipfel von Fruchtbäumen, Anzeigen wohlbestellter Gärten. Weiterhin mehrere Gebäude im gleichen Sinne.

Im Hintergrunde mannigfaltige Flächen, Hügel, Büsche und Haine; ein Fluß, der mit Fällen und Krümmungen nach einer Seebucht fließt, die zunächst von steilen Felsen begrenzt wird. Der Meereshorizont, über den sich Inseln erheben, schließt das Ganze.

[...]

Über Pandora:

Jener Kranz, Pandorens Locken
Eingedrückt von Götterhänden,
Wie er ihre Stirn umschattet,
Ihrer Augen Glut gedämpfet,
Schwebt mir noch vor Seel‘ und Sinnen,

sagen versuchen zu sehen, ob man sie mit Lust oder mit Widerwillen getan hat. Hat man sich durchgequält, um sein Motiv doch noch in eine Handlung zu verwandeln, oder war man in der Lage, diese Handlung mit Freude auszuführen? Das sollte man in der Erinnerung an diese Taten sehen können. Daraus sollte sich die Erfahrung ergeben, dass man als Mensch viel produktiver sein könnte, wenn man eine Liebe zur Tat entwickeln könnte. Das heißt, dass man sich nicht quälen muss, es trotzdem zu tun, dass man es auch nicht zur Gewohnheit lassen wird, sondern dass man Freude daran entwickelt, handeln zu können.

Ich glaube, das haben viele Leute im Sport, und deshalb ist der Sport ein gutes Beispiel dafür, was es heißt, Lust am Tun zu haben. Und wenn man Lust am Tun hat, dann ist der Schritt zur Liebe zum Tun offensichtlich. Es ist dann keine große Sache mehr, dieser Schritt.

In dieser Woche wollen wir also das Bild von uns selbst erforschen als eine Person, die handelt, und das kann man gut, weil man die Erinnerung daran hat, man erinnert sich daran, ob man etwas gerne getan hat oder ob man sich dazu drängen musste, es zu tun. Und das Zweite ist, dass wir versuchen, aus diesen Erfahrungen heraus zu spüren, wie man das Tun lieben kann. Und wenn man das am ersten Tag ausprobiert hat, dann kann man am zweiten Tag versuchen, ein bisschen mehr darauf zu achten, dass es schön ist, etwas zu tun. Man lebt, und Leben bedeutet, die Fähigkeit zu haben, Dinge zu tun, Handlungen auszuführen. Man sollte in der Lage sein, es als Last zu empfinden, dass man mit den Händen auf der Tastatur und den Augen auf dem Bildschirm sitzen muss, und dass man sich mit Freude auf den Moment richtet, in dem man aktiv werden kann und seine Hände, seine Beine, seine Arme für eine Handlung einsetzen kann. Man geht irgendwohin und macht dort etwas, was Sinn macht. Von dem man erkannt hat, dass man es auf diese Weise tun will. Wenn man es so machen will, dann macht man es gerne. Das ist eine gewisse Selbsterziehung, die anfangs mühsam erscheinen mag, aber wenn man sie macht, wenn man sie durchführt, wenn man sich darauf einlässt, dann wird man feststellen, dass man dadurch ein glücklicherer Mensch wird.

Die Tatsache, dass man lernt, die tägliche Arbeit am Computer als Last zu empfinden, bedeutet nicht, dass man sie nicht mehr machen möchte. Aber man spürt das Ungleichgewicht. Wenn man in seinem Beruf alles machen muss, wenn man einen Job als Ausführender hat, in dem man sich müde arbeiten muss, dann wird man das auch als Last erleben, als etwas, das aus dem Gleichgewicht geraten ist, aber dann kann man immer noch dazu kommen, diese Arbeit, die man machen muss, mit Liebe zu machen.

Wenn man in ein Restaurant geht und die Küche dort ist sehr gut, dann gefällt sie einem auch. Und das hängt mit der Liebe zusammen, mit der das Essen gekocht wird. Man kann sich vorstellen, wenn man ein Drei-Sterne-Michelin-Restaurant hat, in dem in der Küche nicht mit Liebe, sondern nur mit Können gekocht wird, man das als ein Feinschmecker bemerken müsste. So drücken sich die Menschen im irdischen Dasein aus oder stellen sich dar. Die Handlungen, die man mit Liebe ausführt, wirken sich im Leben positiv auf andere Menschen und schließlich auf Tiere, Pflanzen, auf die ganze Natur aus.

Was ich in diesem kleinen Kapitel schreibe, ist Aufgabe für ein ganzes Leben. Das ist offensichtlich ... aber es geht um das Bewusstsein, etwas zu tun und es letztendlich besser zu machen. Und dafür ist diese Besinnung notwendig.

LIEBE ZUR TAT

Jetzt haben wir gelernt, was es ist etwas mit Freude, mit Lust zu tun. Das wollen wir jetzt noch einmal feiner unterscheiden, denn man kann sehr wohl Lust haben, etwas zu tun, und dann anfangen, es zu tun, und es trotzdem wie ein Automat ausführen, während die Gedanken ganz woanders sind. Dann hört die Liebe zum Tun in dem Moment auf, wo man anfängt zu handeln.

Ich habe die größte Bewunderung für ausführende Musiker. Natürlich auch für Komponisten. Musiker sind Menschen, die viel tun müssen, um ihren Beruf auszuüben, und ich denke, man kann sagen, dass es unmöglich ist, aus reiner Routine zu handeln. Man stelle sich vor, man ist ein Geiger und hat keine Lust zu spielen. Dann wird das natürlich nichts. Die Leistung beim Geigenspiel hat vielleicht hundertprozentig mit der Liebe zum Spiel zu tun. Und man stelle sich vor, man hätte zwar Lust zu spielen, aber in dem Moment, in dem man anfängt zu spielen, verfällt man in eine Art Routine, dann wird es auch nichts. Man muss also diese Liebe in die Finger und in die Handhabung des Bogens einfließen lassen, wenn das Geigenspiel so interessant werden soll, dass andere ihm zuhören wollen. Deshalb ist der Musiker (nicht nur ein Geiger) ein Vorbild für das Handeln, bei dem die Liebe zum Tun nicht aufhört, wenn er zu handeln beginnt. Es ist schwer zu erklären, deshalb gebe ich dieses Beispiel.

Wenn man ein alltägliches Beispiel nimmt, wie zum Beispiel wieder einmal das Kochen, kann man sehr viel Lust haben zu kochen - zum Beispiel weil man Lust hat, es später zu essen, weil es verspricht, köstlich zu sein - aber in dem Moment, wo man anfängt, es zuzubereiten, sind die Gedanken noch ganz woanders und die Hände erledigen mehr oder weniger automatisch, was sie zu tun haben. Das ist ein Beispiel für die Liebe zur Tat, die beim Tun aufhört. Sicherlich kann man sich auch vorstellen, dass man mit seiner vollen Aufmerksamkeit bei der Handlung bleibt. Dass man, wenn man die Zwiebel schält und zerkleinert, nicht an die Leute denkt, die später zum Essen kommen, sondern dass man wirklich mit seinen Gedanken und allen Sinnen dabei ist, wenn man die Zwiebel schneidet. Dass man die Zwiebel auch riecht, dass man ihre Saftigkeit wahrnimmt, dass man sieht, wie sie aufgebaut ist und wie man sie am besten in kleine Stücke schneidet und so weiter. Natürlich weiß man das alles, und es ist leicht, dadurch in Routine zu verfallen. Aber alles würde viel besser laufen und zu einem viel besseren Ergebnis führen, wenn man mit seiner Aufmerksamkeit bei der Sache bleiben könnte. Aber selbst dann kann man das nicht als Liebe in der Handlung bezeichnen. Das bleibt eine Aktivität des Bewusstseins, die sehr speziell ist, aber außerhalb der Handlung liegt. Erst wenn man seine Handlungen und Gedanken mit seinem ganzen Gemüt begleitet, dann wird es zur Liebe. Und dann fängt man auch an zu sehen, was für ein Wunder der Natur eine Zwiebel ist. Während man vorher sorglos mit ihr umgegangen ist, ist man jetzt tief erstaunt und berührt von der ganzen Erscheinung dieser Zwiebel. Man könnte sich auch vorstellen, dass man dann, wenn man anfängt Fleisch auf diese Weise zuzubereiten, so berührt ist von der Unmöglichkeit, ein Stück Tier zu essen, das zu diesem Zweck geschlachtet wurde, dass man Vegetarier wird. Man kann immer aus bestimmten Motiven heraus über diese Dinge hinwegkommen, das kann genauso wichtig sein, wie das Erleben des Leidens der Tierwelt, weil man Fleisch isst. Aber es geht auch nicht darum, dass man Vegetarier wird, weil man seine Handlungen viel bewusster mit dem Geist durchdringen sollte, sondern es geht darum, dass man seine Handlungen mit dem Gemüt durchdringt. Die Liebe zum Handeln hat also mehrere Ebenen. Wir haben in der letzten Woche die Freude, die Lust und die Liebe, etwas zu tun, geübt. Aber das lässt uns im Grunde immer noch außerhalb der eigentlichen Handlung. Und wenn man es schafft, diese Liebe in die Aufmerksamkeit für das, was man tut, einzubringen, dann ist man dem Ideal der von Liebe durchdrungenen Handlung schon einen Schritt nähergekommen. Der dritte Schritt ist dann, dass man seine Handlungen nicht nur mit Aufmerksamkeit, sondern auch mit dem ganzen Gemüt ausführt. Dann beginnt man sich wirklich bewusst zu werden, was man tut. Ich habe jetzt das Beispiel des Kochens gegeben, aber es gilt natürlich für jede Handlung. Handlungen aus dem Instinkt heraus oder aus dem Trieb heraus oder aus Begierde, die kann man auf diese Weise nicht ruhig durchdringen. Aber eine motivierte Handlung ist der Bereich, in dem wir jetzt arbeiten, und dort kennen wir diese drei Schichten der Liebe, die die Tat durchdringt. In dieser Woche wollen wir uns also vornehmen, das Motiv, das der Handlung Liebe verleiht, bei allen bewussten Handlungen so weit wie möglich in der Aufmerksamkeit zu halten, während die Handlung ausgeführt wird.

UNRUHE

Wir sind schon einen langen Weg gegangen. Wir sind Menschen die in unserer Zeit dazu neigen, Computern zu ähneln, Köpfen mit Millionen von Schaltkreisen, die etwas mühsam versuchen, mit dem Schritt zu halten, wozu der echte Computer fähig ist. Ich habe das Bild eines Kopfes ohne Gliedmaßen gemalt, und deshalb ist es sehr wichtig, dass wir uns bewusst mit dem Tun beschäftigen. Aber wenn man an dem Punkt angelangt ist, an dem wir uns jetzt befinden, dann kommt eine andere Seite des Tuns zum Vorschein, die ein ganz anderes Problem zeigt als der Kopf ohne Gliedmaßen. Wenn man es gewohnt ist - und das sollte man inzwischen sein, wenn man dieses Buch liest -, den Blick mit einer gewissen Regelmäßigkeit auf sich selbst zu richten und sich meditativ in das zu vertiefen, was man denkt, was man fühlt, was man will, was man tut, was man tun wird, was man getan hat, dann kommt man irgendwann an diesen Punkt, an dem man erlebt, dass das Tun einen von der Besinnung abhält. Morgens denkt man über den Tag, man sitzt auf seinem Stuhl, man möchte sich auf die verschiedenen Übungen konzentrieren, die man machen möchte, aber man hat das Gefühl, dass man durch all das, was man an so einem Tag zu tun hat, weggezogen wird. Schließlich hat man an einem solchen Tag eine Menge zu tun. Man hat seine Arbeit, seine Familie, seine Freunde, seinen Sport, aber auch den Sport seiner Kinder, die Schule seiner Kinder. Die Probleme seiner Kinder. Es gibt so unglaublich viel, was man an einem Tag tun muss und will, dass man gleich nach dem Aufwachen in eine gewisse Stromschnelle gerät und droht, von diesem Strom mitgerissen zu werden. Und dann ist es keine Frage, dass man nur noch im Kopf ist und sich nur noch mit dem Bildschirm beschäftigt, und es ist schon gar keine Frage, dass man irgendeine Art von Meditation oder Gedankenmeditation durchführen kann, man wird sozusagen in die Aktivität, die volle Tagesordnung hineingezogen. Es sind der Zeitmangel und all die Dinge, die unsere Zeit kennzeichnen.

Wenn Sie also „tun" sagen, müssen Sie nicht nur darauf achten, das zu tun, was Sie sich vorgenommen haben, sondern Sie müssen auch lernen, sich nicht *zu viel* vorzunehmen, sich nicht vom Tun hinreißen zu lassen, vielleicht bestimmte Dinge zu streichen. Schaffen Sie sich Freiräume in Ihrer Zeit, um dann nicht wieder auf Ihr Handy zu schauen und um Ihre sozialen Medien zu kümmern, oder sich vor den Fernseher zu setzen und einen Film zu schauen, was alles nervenaufreibende Aktivitäten sind, sondern Sie sollten diese Freiräume in der Zeit nutzen, um zu besinnen. Das kann man auch mit Hilfe eines guten Besinnungsbuches machen. Aber es kann auch durch eine ausgiebige meditative Praxis geschehen. Und vielleicht spüren Sie anfangs nicht den Drang zum Tun, aber das bedeutet nicht, dass der Drang nicht da ist. Er ist zweifellos da, aber Sie haben noch nicht genug Klarheit in Ihrer Selbstwahrnehmung, um sich der Triebe bewusst zu werden, die ständig am Werk sind und die Sie von Ihrer Besinnung wegziehen wollen.

Der erste Schritt zu diesem Bewusstsein ist, sich bewusst zu machen, dass es so ist. Und dann fängt man an zu bemerken, dass es so ist. Die größten Konzentrationsprobleme entstehen durch übermäßiges Tunwollen. Wenn wir also versuchen, das Handeln zu kontrollieren, bedeutet das nicht nur, dass wir im Handeln aktiver werden, sondern auch, dass wir lernen, uns im Handeln zu kontrollieren. In der alten indischen Literatur, die ich schon oft zitiert habe, wie der Bagavad Gita, wird nicht nur auf die Notwendigkeit hingewiesen, die Gedanken und Gefühle zu beruhigen, sondern auch darauf, dass die Tatkraft lernen muss, zu schweigen. Die Unruhe, die uns Menschen in diesen Zeiten kennzeichnet, muss beruhigt werden.

Das wird die Übung dieser Woche sein. Überlegen wir zunächst morgens, ob und wie wir alles erledigen können, was wir uns für den Tag vorgenommen haben, oder ob wir uns überfordern.

Unter diesem Gesichtspunkt ist es vielleicht sinnvoll, ein paar Termine abzusagen. Dann sollten wir lernen, das Wichtige vom Unwichtigen zu unterscheiden. Was muss heute erledigt werden und was kann warten.

Dann achten wir auf den Antrieb, der aus unserem Willen heraus versucht, die Besinnung zu stören. Die unkontrollierte Aktivität, auf die man innerlich achten kann. Wir können unser inneres Auge darauf fallen lassen, und wenn wir uns dessen bewusst werden, wird es uns mit der Zeit sicher gelingen, sie zu beruhigen. Und dann, wenn der Abend kommt, schauen wir auf den Tag zurück und versuchen wahrzunehmen, ob das Geschehen mit einer gewissen Ruhe ablaufen konnte oder ob Eile und Aufregung herrschten. Dann versuchen wir, unseren Tag morgen besser zu gestalten.

Als Menschen können wir unglaublich viel selbst gestalten. Das ist auch ein Teil des Tuns. Aber wenn man nic darauf schaut, wie es einem geht, ist es auch nicht selbstverständlich, dass man merkt, dass man ein gehetzter, eiliger Mensch geworden ist. Versuchen wir, unsere Tage so einzuteilen, dass wir uns nicht hetzen müssen, dass wir unseren Zeitplan nicht überfrachten. Nehmen wir uns Zeit zwischen den einzelnen Dingen. Wenn man wie ich jahrzehntelang als Arzt in einer Praxis gearbeitet hat, dann kennt man das Phänomen des vollen Wartezimmers. Und das treibt einen an. Man bekommt dann ein allgemeines Gefühl, sich beeilen zu müssen. Das kann dazu führen, dass man, wenn der eine Patient zur Tür hinaus ist, man die Tür gar nicht mehr schließt, sondern gleich auf den Korridor geht, um den nächsten zu holen, so dass man 10, 20, 30 Leute hintereinander sieht. Und dann beendet man seinen Arbeitstag völlig erschöpft. Wenn man es jedoch schafft, sich zwischen den Gesprächen eine halbe Minute Zeit zum Nachdenken zu nehmen, spürt man zwar, wie sehr man sich angestrengt hat, aber diese Anstrengung wird auch wieder nachlassen. Man nehme sich einen Moment Zeit, um darüber nachzudenken: Wer war gerade hier und welches Treffen steht mir bevor? Auch für die Person, mit der man sich verabredet hat, ist es besser, wenn man so den Kontakt aufnimmt. Ich nenne das Beispiel der Sprechstunde, aber es gilt eigentlich für jede Begegnung mit Menschen. Dass man nicht eins nach dem anderen schnell erledigt, sondern dass man wirklich das Eine mit Bedacht abschließt und das Nächste mit Bedacht beginnt.

Eine große Aufgabe in dieser Woche ist es, aber notwendig in dem Prozess vom Tun-Lernen, zu erkennen, wie man es macht, dass man nicht über alles stolpert, was man zwar motiviert und engagiert macht, aber was einfach nicht in die Zeit passt.

HÄTTE ICH ES BESSER TUN KÖNNEN?

Wir sind nun an dem Punkt angelangt, an dem wir uns über das Tun besinnen, und von nun an hat dieses Besinnen einen moralischen Charakter. Wir haben die Faulheit besiegt, eine Faulheit, die sich darin zeigt, dass man keine Lust hat, das zu tun, was man sich vorgenommen hat oder was man tun muss. Wir haben die Beherrschung des Handelns von den Motiven her übernommen. Wir haben jetzt auch ein Gefühl dafür entwickelt, nicht zu viel zu wollen, und dass das, was man sich vornimmt zu tun, auch mit dem übereinstimmt, was man an einem Tag tun kann. All das ist eine Errungenschaft nach diesen Wochen der Übung im Handeln. Aber jetzt bleiben wir mit einer tieferen Besinnung auf das Bedürfnis in jedem Menschen zurück, Dinge nicht nur zu tun, sondern sie gut zu tun und sogar nach einer Vollkommenheit im Tun zu streben. Eine Vollkommenheit, von der man im Voraus weiß, dass sie nicht erreicht werden kann, die man aber erstreben kann. In einem technischen Sinne mag die Vollkommenheit in gewisser Weise erreichbar sein, aber in einem moralischen Sinne ist sie es mit Sicherheit nicht, und das führt zu jener leichten Unzufriedenheit, die der Rückblick auf die Handlung erzeugt.

Auch wenn man nicht mit der Entwicklung der Handlung beschäftigt ist, ist diese leichte Unzufriedenheit vorhanden, obwohl sie sehr wohl von der Selbstzufriedenheit übertönt werden kann. Ich nehme wieder das Beispiel der Zubereitung einer Mahlzeit: Man kann all seine Energie und seinen guten Willen darauf verwenden, die Mahlzeit so gut zuzubereiten, dass man Komplimente für seine

Kochkünste erhält. Das kann ein Ansporn sein, sein Bestes zu geben. Aber wenn man in diesem Bereich eine Spitzenleistung erbringt, bleibt in der Tiefe immer noch eine leichte Unzufriedenheit, und bei moralisch entwickelten Menschen ist diese Unzufriedenheit nicht mehr so leicht, es ist eine Unzufriedenheit, die mit seiner Güte im Handeln zu tun hat. Diese Güte hat nichts mit dem fantastischen Ergebnis der Kochkunst zu tun, sondern mit der moralischen Motivation dafür. Schließlich kann man auch sein Bestes geben, weil man die Menschen, die zu einem Essen kommen, wirklich verwöhnen will. Weil man ihnen einen unvergesslichen Abend bereiten will. Und weil man diesen Abend umso unvergesslicher machen kann, wenn die Basis gut ist, und das ist das Essen. Das ist die Grundlage für die Stimmung, aber abgesehen davon muss natürlich jeder sein Bestes geben, damit das Treffen ein Erfolg wird.

Wenn man anfängt, auf die leichte oder mittlere Unzufriedenheit zu achten, die das eigene Handeln umgibt, beginnt man zu erfahren, dass noch ein ganz anderer Bereich von Wünschen oder Wohlgefallen in einem ist, als der Instinkt oder die Befriedigung von Neigung und Begierde oder die Bildung von Handlungsmotiven, nämlich, dass es in der Tiefe oder in der Höhe in jedem Menschen eine moralische Bewertung seiner selbst gibt. Und diese entspringt dem Wunsch, moralisch Gutes zu tun. Man mag sagen, es gibt so viele schlechte Menschen, die scheinen überhaupt keine Neigung zu haben, Gutes tun zu wollen! Aber das ist eine äußere Erscheinung und auch ein äußerer Verfall der Moral, aber im Inneren des Menschen lebt dieser moralische Richter und er ist umso stärker zu hören, je weniger man moralisch im Verfall ist. Das heißt also, je entwickelter man ist, desto mehr quält einen seine Nachlässigkeit.

Man möchte die Handlungen gerne moralisch gut ausführen. Aber das ist ein Wunsch, der nie ganz erfüllt werden kann, und der jene leichte, mittlere oder schwere Unzufriedenheit hervorruft. Wir finden Hinweise darauf beim Apostel Paulus, wenn er sagt, dass man als Mensch Gutes tun will und doch Böses tut. Es fehlt also an der Ausdauer, diesen moralischen Impuls bis zur Vollkommenheit durchzuhalten.

In dieser Woche werden wir uns damit befassen. In der morgendlichen Besinnung schauen wir auf das, was wir an diesem Tag tun werden, und wir versuchen, den Wunsch zu verspüren, das moralisch so gut wie möglich zu tun. Und am Abend blicken wir zurück und versuchen zu spüren, wie sehr diese Handlung letztendlich von dem Ideal abweicht, das wir am Morgen noch hatten. Natürlich führt man viele Handlungen aus, mit denen man mehr oder weniger zufrieden ist, und vielleicht kommt einem jetzt der Gedanke oder das Gefühl, dass dies eine übermäßige Überanstrengung ist. Aber das ist nicht der Fall. Diese Besinnung ist ebenso Teil des Tuns wie die Ausführung eines Impulses: Das Nachdenken über den moralischen Gehalt seiner Handlung, und zwar darüber, ob man gut gehandelt hat. Nicht, ob man das Richtige getan hat, sondern ob man das auch gut getan hat. Ob man etwas getan hat, das gut für die Welt und seinen Mitmenschen ist. Und ob man es besser hätte machen können. Dieses Nachdenken ist selbst ein Tun. Man steigt dann sozusagen mit dem Gedankenleben in das handelnde Leben hinab und spürt dabei die Diskrepanz zwischen dem, wie es nach dem eigenen Impuls sein sollte und wie es geworden ist. Das mag unangenehm sein, sich dessen bewusst zu werden. Aber wenn man anfängt, dies zu tun, wird man feststellen, dass man mit einer wunderbaren Welt des Willens in Berührung kommt, die einem die Gewissheit zu geben beginnt, dass man als Mensch in zwei Welten lebt, nämlich in einer materiellen irdischen Welt und in einer geistigen guten Welt. Und das absolut Gute der geistigen Welt kann wegen des Widerstandes im irdischen Dasein nie ganz verwirklicht werden. Man beginnt diesen Kampf zu spüren, aber er bringt als Frucht die Erkenntnis hervor, dass man als wahrer Mensch nicht sterblich ist. Dort, wo man diese Unzufriedenheit spürt, verwandelt man die physische Existenz und kommt in Kontakt mit einem geistigen Tun des Guten. Man bekommt dann auch ein Gefühl für die Freiheit, die der Mensch in diesem Bereich hat, denn man beginnt zu begreifen, dass es Moral nur geben kann, wenn es sowohl Gut als auch Böse gibt. Denn wenn man nicht in die Irre gehen könnte, dann wäre das Gute eine Selbstverständlichkeit und moralische Überlegungen unnötig. Aber es gibt das Böse. Und das bedeutet, dass der Mensch eine Wahl hat. Darin liegt die Freiheit. Und diese Freiheit spürt man in der eigenen Unzufriedenheit. Man spürt, dass darin eine Chance liegt, sich zu entschließen, es beim nächsten Mal besser zu machen. Das wird das Thema der nächsten Woche sein, diese Woche richten wir unsere Aufmerksamkeit darauf, das Richtige tun zu *wollen*.

DER MORALISCHE WUNSCH

Wenn man lernt, das Tun auf diese Weise zu betrachten, entdeckt man, dass man eigentlich bei allen Handlungen, die man ausführt, in der Tiefe selbst, als Zuschauer, urteilt, dass man es immer noch besser hätte machen können. Dabei geht es nicht um die Technik, es geht nicht darum, ob man eine Klaviersonate besser spielen könnte als man es kann. Zweifellos ist das immer der Fall, aber darum geht es nicht. Es geht um den moralischen Gehalt des Aktes. Es geht um etwas anderes als das, was wir als Gewissen kennen, als das Gewissen und das Nachgefühl, dass man etwas falsch gemacht hat und dass man es anders hätte machen sollen.

Wovon ich hier schreibe, ist nicht das Gewissen, sondern es ist eine Instanz in jedem Menschen, der er selbst ist und der auch bei guten Handlungen noch weiß, dass man es besser machen kann. Es ist also tatsächlich ein Weg zur Bescheidenheit, den man hier geht, und man wird keine selbstgefälligen Menschen als Begleiter auf diesem Weg bekommen. Denn sie werden nicht damit anfangen. Es kann ja durchaus sein, dass man mit sich selbst so zufrieden ist, dass es nichts zu verbessern gibt. Das ist natürlich eine Illusion, und es ist auch eine Illusion, dass man in allen Schichten seines Seins zufrieden ist, aber man lebt dann in der Schicht der Zufriedenheit und schenkt dem Rest keine Aufmerksamkeit.

Wir versuchen nun, uns bewusst zu machen, dass es immer Raum für Verbesserungen gibt, für moralische Verbesserungen. Wenn man zum Beispiel, wie wir es vorhin getan haben, davon spricht, dass die Liebe in die Tat fließt, ist es doch klar, dass sie nie hundertprozentig perfekt ist. Ich bin überzeugt, dass der Mensch zu diesem Zeitpunkt der Entwicklung nicht in der Lage ist, sich eine konkrete Vorstellung davon zu machen, was eine vollkommene Liebeshandlung ist. Man muss damit beginnen, seine Liebeskraft mit seinem Handeln zu verbinden. Wenn man sich dann bewusst ist, dass man diese urteilende Instanz, die man selbst ist, in sich trägt, kommt sie auch mehr und mehr ins Bewusstsein. Man kann sich vorstellen, dass, wenn man am Ende seines Lebens angelangt sein wird - und das werden wir alle eines Tages -, dass dann ein Moment kommt, wo man vor die Bilanz gestellt wird. Wenn man reiner Materialist ist und nicht den geringsten Schimmer eines Glaubens an eine spirituelle Existenz nach dem Tod hat, dann nützt einem dieses kleine Buch wirklich nichts - es sei denn, es könnte helfen, den Materialismus ein wenig zu zerbröckeln. Wenn man aber seine tiefe Überzeugung kennt, dass der Mensch mehr ist, als wie er auf Erden erscheint, dann kann man damit rechnen, dass in der Stunde des Todes oder bald danach eine Bilanz erstellt wird. Wenn man sich im Leben bemüht hat, sich dieser leichten Unzufriedenheit bewusst zu werden und sie in ein Gefühl zu verwandeln, dass es besser sein kann, dann ist diese Bilanz in diesem Moment des Todes keine Überraschung, denn dann steht man in der Tat vor dem Urteil, das man sich selbst schon gebildet und bewusst gemacht hat. Wer also auch nur ansatzweise begreifen kann, dass er als Mensch einen ewigen, sich entwickelnden Wesenskern in sich trägt, für den sind die letzten drei Übungen - und eine haben wir jetzt gemacht - von größter Bedeutung für den Frieden, den er mit der noch mäßigen Entwicklung seines moralischen Wesens finden kann.

Es gibt jemanden in uns, das sind wir selbst, der genau weiß, wie es sein sollte und wie es sein könnte. Daran misst man sein tatsächliches Handeln, und das ist immer zu kurz gegriffen. Das bedeutet nicht, dass man in Reue vergehen sollte, denn was geschehen ist, ist geschehen, und was geschehen ist, lässt sich nicht ändern. Man muss also die Tatsache akzeptieren, dass es so viel zu verbessern gibt. Wenn man damit anfängt, ist es überhaupt keine unangenehme Tätigkeit mehr. Ich vergleiche es wieder mit der Musik. Wenn man Klavier spielen lernt, weiß man auch, dass man nicht von Anfang an ein Konzertpianist ist, und man beginnt zu üben, um vielleicht einer zu werden. Indem man übt, verbessert man sein Klavierspiel. Wenn man wirklich etwas erreichen will, hat man Freude am Üben, weil man spürt, dass man Fortschritte macht. Was man letzte Woche nicht konnte, kann man jetzt besser, vorausgesetzt man übt, und das ist ein wichtiger Aspekt des Tuns.

In den ersten Wochen haben wir uns mit dem äußeren Tun beschäftigt. Nun tritt ein inneres Tun in den Vordergrund, nämlich ein ständiges Feilen an der moralischen Qualität des Handelns. Dies beginnt mit dem Motiv. Wenn man auf seine Motivation zurückblickt, dieses oder jenes zu tun, hat man dort vielleicht schon seine Zweifel, ob das, was man sich vorgenommen hat, optimal war und ob die Gefühle, die man dabei hatte, hoch genug waren. Richtig ernst wird es aber erst, wenn man sich die ausgeführte Handlung ansieht. Wenn man dann das Ideal spürt, dass die Handlung die Welt verändert und dass sie eigentlich ein Sakrament ist, und wenn man es nicht als übertrieben oder als religiös, sondern als tatsächliche Menschlichkeit sieht, dass man seine Handlungen mit Klugheit, Vernunft, Einsicht, Hingabe und Liebe ausführt, dann hat man die Möglichkeit geschaffen, diesem Ideal immer näher zu kommen.

Dies ist eine Woche mit hohen Ansprüchen. In der vorangegangenen Woche wurde uns bewusst, dass es so ist, dass man das, was man getan hat, eigentlich gerne besser tun würde oder getan hätte. Jetzt versuchen wir, das zu konkretisieren und ein Ideal für das Handeln zu entwickeln, was auch immer das sein mag. Und zwar so, dass wir uns so entwickeln, dass alles, was wir tun, mit der sanftesten Achtsamkeit, der tiefsten Hingabe und Ergebenheit und dem Ausströmen von Liebeskraft durch unsere Glieder geschieht.

DER VORSATZ

Die zweite Übung dieser letzten drei ist der ersten sehr ähnlich, jedoch eine weitere Differenzierung derselben.

Wir werden jetzt versuchen, unsere Handlungen kritisch zu betrachten und dann zu erfahren, wie wir die gleiche Handlung beim nächsten Mal besser machen könnten. Das ist also eine neue Art von Vorstellungskraft, die da entwickelt werden soll, und nicht jeder wird sie gleich angenehm finden, weil man durch diese Übung beginnt, die Kluft zwischen dem, was man tut, und dem, wie man es tun könnte, zu erleben.

In uns Menschen lebt eine Art zweiter Mensch, der beobachtet und ständig beurteilt, inwieweit das, was gedacht, erlebt und getan wird, in Richtung Vollkommenheit geht. Der Zuschauer kennt die Vollkommenheit, aber das tatsächliche Handeln, die tatsächlichen Gedanken, die tatsächlichen Gefühle sind weit von dieser Vollkommenheit entfernt, und im normalen Leben gibt man sich damit zufrieden oder er hält sich sogar für recht gut. Man denkt nicht darüber nach, und nur wenn etwas wirklich schief geht, kann man ein Gefühl der Unsicherheit oder der Schuld oder der Reue oder der „Unzulänglichkeit" empfinden, aber das alltägliche Leben bringt das wieder in Fluss und man vergisst es.

Was wir nun in dieser Woche tun werden, steht im Gegensatz zu dem, was in vielen - vor allem amerikanischen - psychologischen Erfolgskursen empfohlen wird. Denn dort wird einem vor allem geraten, sich selbst zu loben, sich vor den Spiegel zu stellen und einen tollen Menschen zu sehen, vor allem das Positive an sich zu würdigen und sich nicht zu sehr mit dem Negativen aufzuhalten. Es mag also den Anschein haben, dass das, was ich jetzt als meine Übung der Woche machen möchte, in völligem Widerspruch dazu steht. Aber das ist ein Missverständnis, denn natürlich erkenne ich die unglückliche Selbstkritik der heutigen Menschen an, die sie weniger leistungsfähig macht. In diesen Büchern geht es um die alltägliche Prozesse des Durchhaltens im Leben und der Verwirklichung der eigenen äußeren Ideale.

Was wir hier tun, ist dem nicht entgegengesetzt, sondern es ist ein anderer Prozess, der sicherlich genauso wichtig im Leben ist, aber der sich auf einen unsterblichen, vollkommenen Menschen bezieht, der in uns wacht und uns ständig ermahnt, nicht mit der Qualität unserer Gedanken, unserer Gefühle und unserer Handlungen zufrieden zu sein, sondern zu versuchen, immer besser zu werden. Dieser Zuschauer ist immer da, auch wenn man ihn nicht wahrnehmen will. Selbst dann erfüllt er seine Aufgabe genauso gut, wie wenn man das höhere Wesen in sich wohl erkennen will. Dieses höhere Wesen in uns bietet auch einen sehr großen Trost, denn man bekommt nicht nur ein Gefühl des Abgrunds zwischen dem, was man tut, und dem, was man tun könnte, sondern man bekommt auch ein immer sichereres Gefühl, dass dieses zweite Wesen - der Zuschauer - sein ideales Wesen ist, das zu einem gehört und das nicht der Zeitlichkeit oder der Vergänglichkeit unterworfen ist. Dieser ideale Mensch in einem ist das eigene Wesen, auf das man sich in seiner Entwicklung zubewegt und das auch nach dem Tod für die Entwicklung verantwortlich bleibt, die nach dem Tod nicht aufhört.

Mag sein, dass man das nicht sofort wahrnimmt, aber wenn man nicht anfängt, das Wort dieses idealen Menschen in sich zu hören, wird man nie an den Punkt gelangen, an dem man seine Gegenwart erkennen kann. Denn dieser Mensch drängt sich nicht auf, gibt sich nicht zu erkennen, ohne gefragt zu werden, und wirkt nur im Unbewussten, wenn man nicht solche Übungen macht, wie wir sie diese Woche machen werden.

Wir werden uns in der Abendbetrachtung drei Handlungen dieses Tages ansehen. Das kann auch ein Wortakt sein, ein Gespräch oder ein Lernakt, wie man sich auf eine Prüfung vorbereitet hat. Aber vorzugsweise ist es ein echter Handlungsakt, bei dem man mit seinen Gliedern eine Aufgabe erfüllt hat.

Wir wählen drei aus und überlegen uns jeweils, wie wir es gemacht haben, und wir versuchen, die Stimme nicht zu unterdrücken, die uns sagt, dass es viel besser hätte sein können. Stattdessen versuchen wir, diese Stimme besser zu hören, und wir nutzen unsere Vorstellungskraft, um uns einen Prozess dieser Handlung vorzustellen, wie sie ein nächstes Mal vollkommener ausgeführt werden könnte. Vielleicht fühlen Sie sich dabei unwohl, weil Sie erkennen, wie ungeschickt Sie eigentlich immer noch sind, sogar moralisch. Sie empfinden, wie Sie Ihre Vorstellungskraft nutzen können, um sich eine Verbesserung vorzustellen, aber gleichzeitig erkennen Sie auch, dass Sie höchstwahrscheinlich nicht in der Lage sein werden, dieser Vorstellung beim nächsten Mal gerecht zu werden.

Das scheint ein ziemlich melancholisches Projekt zu sein, aber das muss es auch. Wenn man mehr mit seinen Gefühlen im Heiteren lebt, mit der Absicht, es besser zu machen, leidet man nicht unter dieser Melancholie. Verfällt man in seine Gefühle von Unwürdigkeit, Ungeschicktheit, Dummheit vielleicht sogar, ja, dann gerät man wirklich in Melancholie, und das ist letztlich nicht die Absicht.

Wir werden versuchen, dem, was wir getan haben, mit der vollen Munterkeit des Geistes zu begegnen und dann die Vorstellungskraft zu nutzen, um eine Vorstellung davon zu entwickeln, wie man es beim nächsten Mal auf eine vollkommenere Weise versuchen könnte.

DIE ANSCHAUUNG DES TUNS

Und nun sind wir bei dem Schritt angelangt, den wir als „Tun“ bezeichnen werden, obwohl dieser Schritt ganz in der Betrachtung liegt. Tun bedeutet, aktiv zu sein, und aktiv sein kann man auch dann, wenn die Glieder völlig zur Ruhe gekommen sind. Man kann in der Kontemplation aktiv werden, und der Punkt, den wir letzte Woche erreicht haben - nämlich einen Abgrund zu spüren zwischen dem, was man tut, und dem, von dem man ahnt, dass es das perfekte Tun wäre - dieser große Abgrund dazwischen führt uns zu einer vorläufig letzten Stufe in der Entwicklung des Tuns.

Die Handlung, die wir in dieser Woche vollziehen werden, hat mit der mehr oder weniger notwendigen Schlussfolgerung zu tun, die man, wenn man aktiv ist, wenn man aktiv über die Handlung nachdenkt, wie wir es in den letzten Wochen getan haben, ziehen muss, weil sie notwendigerweise eine Erweiterung von allem ist, was man entdeckt hat.

Letzte Woche haben wir diese Tiefe, diesen Abgrund entdeckt, und daraus kann ein sehr starker Impuls entstehen, bei jeder Handlung, die man ausführt, den Wunsch und die Absicht zu haben, sie immer besser zu machen. Für den Künstler ist das eine Lebensgewohnheit. Ich kann mir nicht vorstellen, dass ein Künstler jemals den Punkt erreicht, an dem er oder sie das Gefühl hat, dass er oder sie Vollkommenheit in der Ausübung erreicht hat. Eine relative Vollkommenheit muss jedes Mal neu erkämpft und erworben werden, indem man sich künstlerisch betätigt. Der Künstler weiß, dass es keine Grenzen gibt, um die Kunst immer besser zu beherrschen. Wenn man bedenkt, dass es einen Punkt gäbe, an dem der Künstler sagen könnte: „Jetzt habe ich mein Ziel erreicht, ich bin perfekt in meiner Kunst!“, dann, denke ich, wäre damit die Kunst an ihr Ende gekommen, wenn das nicht schon für den Künstler als Mensch gelten würde. Als Mensch kann man die Vollkommenheit seiner Fähigkeiten, die man im Tun ausdrückt, nicht erreichen. Man kann eine Ahnung davon haben, wie das wäre, aber ich glaube, dass sogar das nicht ganz möglich ist. Die menschliche Vorstellungskraft ist zu begrenzt, um sich einen vollkommenen Ausdruck der Kunst vorzustellen, und so ist es auch mit der gewissenhaften, liebevollen Handlung. Man kann sich nur bis zu einem gewissen Grad vorstellen, wie ein solcher Akt aussehen würde, und dann muss man feststellen, dass man nicht in der Lage wäre, diese Vorstellung vollständig zu verwirklichen. Man hat also eine unvollkommene Vorstellung, die man dann auch unvollkommen ausführt.

Aber dann fällt einem etwas anderes ein. Der Künstler, sagen wir mal ein Musiker, ein ausführender Musiker, braucht seinen Körper, um die Kunst ausführen zu können, und sogar, wenn man so vollkommene Vorstellungen von einem bestimmten Stück hat, das aufgeführt werden soll, wird man immer auf körperliche Unzulänglichkeiten stoßen. Das ist ein Schritt über die künstlerischen Unzulänglichkeiten hinaus. So ist es auch mit gewissenhaften, liebevollen Handlungen. Je mehr man sich bewusst wird, dass die eigene Handlung nicht perfekt ist, desto mehr wird man sich bewusst, dass diese Handlung in der gegenwärtigen Form seines Menschseins auch nicht perfekt werden kann. Dazu fehlen einem bestimmte Qualitäten. Selbst dem begabtesten Menschen fehlt es an Qualitäten. Man kommt immer an einen Punkt, an dem man sich eingestehen muss: Ich kann hier nicht weitergehen, weil ich mein physisches Instrument brauche und es nicht geeignet ist, dieses weiterzuentwickeln.

Ich drücke es mühsam aus, weil es ein sehr wichtiger Punkt im Bewusstsein ist. Denn dieses Bewusstsein braucht eine ganze Welt der Einsicht.

Es wird nicht in einer Woche passieren, dass man das volle Ausmaß dieser Erkenntniswelt zu Gesicht bekommt, aber ich hoffe, dass jeder, der diesen Weg beginnt, auch weiß, dass man immer wieder neu anfangen muss, um immer reifer an denselben Punkt zu gelangen. Dann wird das Bewusstsein dieser Welt der Einsicht das zweite Mal überstiegen.

Die Einsicht reift.

Man beginnt zu erleben und zu erkennen, dass, wenn man als Mensch so beschaffen ist, dass man mit seiner Begabung an eine physische Grenze kommt, aus einer geistigen Logik heraus die Erkenntnis entsteht, dass es in der weisen Schöpfung dann so sein muss, dass man irgendwann diesen Körper ablegen muss und dass man, einfach gesagt, die Möglichkeit bekommt, einen neuen Körper aufzubauen, in dem man seine Wünsche und seine Absichten erfüllen kann, die man in diesem Leben aufgrund von Unzulänglichkeiten des physischen Körpers nicht erfüllen konnte. Wenn man auch nur einen Hauch von großmütigem Wohlwollen in sich trägt, wird man in dieser Woche erfahren, dass der Schöpfer, der so unendlich großmütiger und wohlwollender ist, einen niemals im Stich lassen würde, sobald man sein unvollkommenes Instrument ablegt. Stell dir vor, du müsstest dann für die Ewigkeit in der dann erworbenen Fähigkeit verharren, während schon jetzt im Leben ein so großer Wunsch besteht, die Dinge besser, gewissenhafter, liebevoller tun zu können. Würde der Schöpfer dir nicht viel mehr Chancen geben, die Vollkommenheit zu erreichen?

Dieser Wunsch, der uns in den letzten Wochen geleitet hat, und die Absicht, diesen Wunsch selbst zu erfüllen, haben zu einem Bewusstsein von Unzulänglichkeiten und Unmöglichkeiten geführt - und diese Unmöglichkeiten werden in dieser letzten Woche des Übens des Tuns! zu einer Gewissheit, dass *ein* Leben nicht reichen kann. Das ist einfach unmöglich, das zu denken, das zu erleben und erst recht, das zu wollen!

Der Mensch ist einseitig begabt im Leib und in der Seele und der Geist ist in allem begabt. Der Geist weiß, wie es sein sollte, und diese Diskrepanz ist das Leiden des Menschen. Aber in diesem Leiden erwacht nun die Gewissheit, dass noch ein langer Weg vor uns liegt, in dem wir noch viele Gelegenheiten haben werden, uns die Vollkommenheit immer wieder anders zu wünschen, vorzustellen und zu erleben, dass es Grenzen gibt und die Grenzen so weit zu verschieben, wie man nur kann. Dann weiß man, dass die Grenze mit der begrenzten physischen Existenz zusammenhängt, aber dass man als Mensch die Möglichkeit und auch die Pflicht hat, sich jedes Mal in einer neuen Erscheinungsform weiterzuentwickeln.

Das ist es, was wir in dieser Woche versuchen zu erleben, durch die Handlungen, die wir jedes Mal während des Tages getan haben, und am nächsten Morgen die Handlungen, die wir vorhaben zu tun. Wir versuchen, ein Idealbild zu formen und lernen zu erfahren, dass in der physischen Existenz der idealen Ausführung Grenzen gesetzt sind. Aber je stärker man diese Grenze erfährt, desto stärker kommt die Gewissheit auf: Ich war schon oft in einem physischen Körper auf der Erde und werde es noch öfter sein. Die Diskrepanz zwischen dem Ideal und den Möglichkeiten gibt mir die Gewissheit, dass ich in meiner Unvollkommenheit sterben werde, dass ich aber die Möglichkeit haben werde, das, was mit diesem Körper unmöglich ist, mit einem neuen, anders gestalteten Körper besser zu vollbringen.

ZUM SCHLUSS

Wenn ich jetzt auf die letzten Wochen zurückblicke, in denen wir zunehmend versucht haben, ein ideales Tun zu erfassen und zu entwickeln, gehe ich noch einmal an den Anfang zurück und denke, wie wenig wirkliches Handeln noch existiert. Man verbringt viele Stunden am Tag am Computer oder mit dem Smartphone in der Hand und dann ist von Handlung keine Rede. Natürlich macht man etwas mit den Händen, wenn man tippt oder surft, aber das, wozu die Hände eigentlich fähig sind und geschaffen wurden, verschwindet allmählich aus unserem Alltag. Mit den Beinen machen wir noch etwas, aber mit den Händen immer weniger.

Wenn man sich an die Zeit vor, sagen wir, 60 oder 70 Jahren zurückerinnert, sieht man immer noch Frauen im Wohnzimmer sitzen und Handarbeiten machen. Es war eigentlich nicht üblich, mit leeren Händen zu sitzen, man musste produktiv sein. Und wenn man nicht gerade den Haushalt machte, dann saß man abends im Wohnzimmer zusammen und unterhielt sich oder spielte ein Spiel. Es gab Handarbeit, es wurde gestickt, gestrickt, gehäkelt, alles Mögliche gemacht. Das mag im Nachhinein ein bisschen spießig erscheinen, aber ich habe diese Zeit selbst erlebt und kenne das Gefühl der Liebe zu dem, was man tut, wenn man etwas macht. Das ist etwas ganz anderes, als wenn man einen Text am PC schreibt oder eine E-Mail verfasst. Da macht man auch etwas, aber man braucht dafür nicht einmal richtig die Hände. Und es war auch gemütlich, gemeinsam aktiv zu sein.

Es wird ja immer mehr üblich, dass man Texte nicht mehr aufschreibt, sondern dass man sie spricht. Das hat auch alles seine guten Seiten, aber die Hände sind die Organe in unserem Willenssystem in den Gliedmaßen, die am meisten mit dem Denken zu tun haben. Hände denken, indem sie tun, und wenn man sich daran erinnert, wie man, wenn man einen Pullover stricken will, erst die Maschen machen muss und dann mit einer sehr raffinierten Aktion ganze Strickstücke herstellt, indem man den Faden in Stoff verwandelt, dann spürt man das. Wenn man sich das vor Augen führt, spürt man, wie kreativ die Hand ist. Natürlich muss das Haupt sich das ausdenken oder aus einem Buch holen, aber die Hände können es umsetzen und das ist wunderbar.

Natürlich habe ich oft auf den Musiker verwiesen, der mit den Händen Wunder vollbringt, auf den Maler, der mit den Händen etwas Unvorstellbares schafft. All das kann durch Technik ersetzt werden, aber man braucht nicht so viel Sinn für Qualität, um zu merken, was für ein Unterschied es ist, ob man ein Bild am Computer erstellt, oder ob man malt oder zeichnet. Und was für ein Unterschied zwischen dem Tippen eines Textes und dem Schreiben mit der Hand! Die Hand verliert langsam die Fähigkeit zu schreiben, und es wird wahrscheinlich eine Zeit kommen, in der die Menschen kaum noch schreiben können. Das wird dann durch Tippen ersetzt und das ist natürlich gut lesbar und so weiter, aber welche Handbewegung geht dabei verloren! Und denken Sie an die genial gröberen Handwerks-Arbeiten, wie die eines Pflasterers oder Maurers, Malers, Schreiners, Schneiders und wie die einer Schneiderin! Was diese mit ihren Händen tun, ist noch nicht vollständig durch Technik ersetzt worden, obwohl auch diese Berufe allmählich aussterben.

Vielleicht hat die Handarbeit sich inzwischen wieder etwas belebt, aber es wird klar sein: Das Handwerk, die Arbeit mit den Händen, die zu sehr feinen, zielgerichteten künstlerischen Bewegungen fähig sind, darf nicht verloren gehen. Das ist eine rein menschliche Qualität des Handelns, und es heißt nicht umsonst „Handlung", es heißt nicht „Füßlung", „Beinlung", sondern Handlung! Die Hand ist ein ganz wichtiger Teil des Körpers für die Handlung, und wenn man an die Pflege denkt, an den Trost, den man zum Beispiel jemandem geben kann, dann sind doch die Hände die Instrumente, mit denen man das im Besonderen tut. Auch in der ärztlichen Praxis gibt es die Tendenz, die Handlung so weit wie möglich wegzulassen, auch das Gespräch, es ist alles sehr kurz, es sollte nicht wirklich eine Beziehung geben. Die körperliche Untersuchung mit den Händen verschwindet mehr und mehr. Damit geht auch das sehr feine Gespür für den Zustand des Patienten, das Gespür, das man mit den Händen haben kann, verloren. Wir sitzen also mit angespanntem Kopf vor der Maschine, und die Hände führen automatische, gedankenlose Bewegungen aus, weil nichts mehr in den Händen ist, was sich in Gedanken ausdrücken wollte und was man beim Schreiben mit der Hand durch die wunderbaren Bewegungen, die man macht, noch einigermaßen aufs Papier bringen kann. Auch der Kontakt mit dem Papier verschwindet. Man tippt seinen Text, sagen wir virtuell, und schickt ihn ab oder druckt ihn aus. Wenn Sie den Text ausdrucken, ist er zwar auf dem Papier, aber es ist nicht mehr Ihre Hand, die ihn vermittelt hat.

Das sind Dinge, die auszusprechen überflüssig erscheinen, aber es ist tatsächlich unglaublich wichtig, sich damit regelmäßig auseinanderzusetzen. Es geht nicht nur darum, dass wir uns für unser Herz, für die Gesundheit unseres Herzens und der Herzen unserer Mitmenschen unbedingt jeden Tag ein bisschen bewegen müssen, sondern es ist auch notwendig, dass wir sinnvolle, kreative, liebevolle Handlungen tun, wirklich mit unseren Händen. Man muss nicht plötzlich wieder anfangen, seine Wäsche mit der Hand zu waschen, bügeln ist Aktion genug. Lassen wir das nicht weg, weil es so viel Zeit kostet oder mühsam ist, sondern genießen wir die Fähigkeit, die Hände als Instrument zu benutzen, um Kleidung wieder wie neu aussehen zu lassen. Für die Körperpflege braucht man Hände. Der Friseur arbeitet immer noch mit den Händen, die Kosmetikerin arbeitet auch mit den Händen, der Physiotherapeut greift vielleicht schon eher auf das Gerät zurück, könnte aber eigentlich auch viel mit den Händen arbeiten. Wenn wir also ausrufen: „Tun!", sollten wir viel mehr auf das achten, was unsere Hände können, als auf die notwendige körperliche Bewegung oder sportliche Leistung. Es hat sich ein Ungleichgewicht zwischen der Tätigkeit mit und im Bewusstsein und dem ausführenden Handeln im Tun entwickelt.

Auf der anderen Seite gibt es natürlich auch ein Tun, bei dem es nicht so sehr um die Arbeit mit den Händen geht, sondern um die Beschäftigung im Allgemeinen. Auch diese Form des Tuns ist in den letzten Wochen ausführlich betrachtet worden. Während man auf der einen Seite sieht, dass wir hier im Westen - und vielleicht mittlerweile auch im Osten - viel zu passiv vor dem Computer oder mit dem IPhone in der Hand sitzen, hat man auf der anderen Seite einen fast unkontrollierbaren Drang beschäftigt zu sein. Die Menschen überplanen ihre Terminkalender. Es ist, als wollten sie einen Moment der Besinnung verhindern, in dem man sich unangenehme Fragen stellen könnte, wie zum Beispiel: Was ist eigentlich der Sinn dieses Daseins auf der Erde? Warum bin ich am Leben und warum werde ich irgendwann sterben? Und warum habe ich alles in diesem Leben getan? Solche Fragen tauchen auf, wenn man zum Stillstand kommt, und wir haben in diesen Wochen solche Momente geschaffen, aber wir haben sie auch ausgefüllt. Das Leben der meisten Menschen in unserer Zeit sieht überfüllt aus, sie rennen von einer Sache zur anderen. Es mag noch Jobs geben, bei denen man alles in Ruhe machen kann. Ich erinnere mich, dass ich als Student bei einer Importfirma gearbeitet habe. Natürlich hatte ich dort eine bestimmte Aufgabe, aber dann sieht man um sich herum, wie das Arbeitsklima ist. Für meine Empfindung bestand das darin, dass man 15 Minuten arbeitet und dann eine 15-minütige Pause hat. Eine Zigarette rauchen, Make-up auffrischen, bei einer Tasse Kaffee plaudern und dann wieder an die Arbeit. Wenn man so arbeiten kann, kann man nicht sagen, dass der Terminkalender überfüllt ist, obwohl es an sich schon sehr unangenehm ist, wenn man eine Arbeit hat, bei der man nicht genügend zu tun hat.

Wenn man so auf die Reflexion über das Tun im Leben zurückblickt, sieht man auch diese Muster. Langeweile wird mit allen Mitteln vermieden, und dann muss für jede Minute, die man wach ist, ein Ersatz gefunden werden. Wenn das nicht der Fall ist, schaltet man einfach den Fernseher ein, damit man wenigstens ein bisschen beschäftigt ist, oder man sieht sich einen Film an, oder man geht auf YouTube, um alles Mögliche zu finden, woran man sich festhalten kann. Aber wirklich allein zu sein und sich ab und zu zu langweilen, was in einem alle möglichen unangenehmen Fragen aufwirft, das wird immer mehr vermieden und das führt dazu, dass man fieberhaft beschäftigt ist. Nicht so sehr mit den Händen, sondern mit Terminen. Termin hier, Termin da. Man sieht es auch bei der Kindererziehung, dass die Kinder oft schon einen vollen Terminkalender haben mit allen möglichen Vereinen und Kursen, die sie besuchen. Ich habe Klavierunterricht, ich habe Tennis, ich habe Reiten, ich habe Ballett und so weiter. Zu einem produktiven Handlungsleben gehören auch Reflexion und Ruhe zwischen den Aktionen mit einer gesunden Portion Langeweile. Das ist die andere Seite.

Was die körperliche Arbeit anbelangt, so sieht man einen Rückgang, von dem man nichts anderes sagen kann als: Das kann nicht gut für den Menschen sein. Auf der anderen Seite sieht man eine Zunahme der Aktivität aller Menschen. Wir sind wie Ameisen geworden, unaufhörlich beschäftigt. Dabei muss es sich nicht um Gliedmaßen handeln, sondern es kann sich um Gespräche handeln, um Verabredungen für Kaffee hier, Pizza dort, Sport jetzt, Musik später und so weiter.

Zum produktiven Tun gehört auch die Besinnung, und das haben wir in den letzten Wochen versucht, indem wir morgens nach vorne geschaut und abends auf das Tun zurückgeblickt haben. Aber an einem Tag sollte es auch Zeiten geben, in denen man eine Pause einlegt, in denen man diese Pause nicht wieder nutzt, um andere Aufgaben zu erledigen, sondern wirklich eine Pause macht.

Wir haben es also beim Tun mit einer reichen Palette von Beschäftigungen zu tun. Wenn man sich fragt: Was ist der Kern des Tuns, so würde ich antworten: Zum einen die gute selbstbewusste Motivation für eine Handlung und zum anderen die Ausführung dieser Handlung in einer Weise, dass man sich mit Liebe zu dieser Handlung erfüllt hat. Das muss nicht unbedingt ein Akt der Liebe an sich sein, es muss auch kein helfender Akt sein. Das alltägliche Tun ist ein großartiger Bereich, um die Liebe für die Handlung zu lernen und zu entwickeln. Es fängt damit an, dass man versucht, das, was man tut, zu lieben, aber ein Ideal dabei wäre, dass man mit allem, was man tut, in Liebe und Sorgfalt und Achtsamkeit umgeht, dass die Liebe sozusagen durch die Arme in die Hände fließt und so auch die Handlung außerhalb von einem erwärmt. In einem spirituellen Sinn sagt man, dass die Handlung zu einem Sakrament, zu etwas Heiligem werden kann. Aber der Ursprung liegt darin, dass man aus Automatismus, desinteressiert, routinemäßig handeln kann, aber dass man auch mit vollem Selbstbewusstsein handeln kann, aufmerksam auf das, was man tut, und mit Liebe, die in den Gliedern fließt.

Möge das das Ideal sein, das dieses Buch ausstrahlt!

NACHWORT

Beim Schreiben dieses Buches entstand das Bild des siebengliedrigen Menschen, wie er sich im Willen manifestiert. Es war mir sofort klar: Ich erinnerte mich an die sieben Gliederungen, die ich vor Jahren in einer Vortrags- und Übungsreihe in Driebergen zu Rudolf Steiners Vortragszyklus: *Allgemeine Menschenkunde als Grundlage der Pädagogik* (GA 293), in diesem Fall zum vierten Vortrag, meditiert habe.

Innerhalb der Entwicklung des Willens als Motiv, der mittleren der sieben Glieder des Willens, kann man dann eine weitere Unterteilung in drei Glieder vornehmen, so dass ein neungliedriger Mensch vor dem geistigen Auge erscheint.

Ich möchte hier ausdrücklich betonen, dass ich diese Unterteilung nicht von vornherein diesen Überlegungen über den Willen zugrundegelegt habe, sondern dass mir diese Gliederung beim Schreiben im gestaltenden Denken bewusst wurde und sich als Grundlage für ein Bewusstwerden des Willens erwies, weil sie eine Tatsache ist. Mit anderen Worten: Als ich zu schreiben begann, hatte ich die Erinnerung an diese Lektüre nicht. Sie trat erst während des Schreibens als Formkraft in Erscheinung.